長崎の教会

長崎の教会

白井綾

Churches in Nagasaki

目次｜Contents

＊写真は、カトリック長崎大司教区および各教会の許可を得て撮影をしています。

教会堂—祈りの家

長崎の信徒たちは天主堂(教会堂)のことを、よく「お御《み》堂《どう》」と表現します。御堂にさらに御を付けるほど大切な、尊い神様の家であり、神様に祈りを捧げる私たちの家だからです。

明治政府による信仰弾圧「浦上四番崩れ[1]」のとき、津和野で氷の池に沈められる拷問にも耐えた守山甚三郎の「覚書」のはじめに、「浦上山里村中野辻村において、2間に4間の、くさやねにして、御主のこうだい(香台)をつくり、御主の御堂としてルカイぱあてるさま(ローケーニュ神父のこと)をもうしうけ、…ばん(晩)もひるも人々のめをしのび、浦上の人に、けいこ、こんぴさん(ゆるしの秘跡)、いつれのさがらめんと(ミサなどの秘跡)をさづけ、…そのあとに、みど(御堂)をやばん(夜番)をしておるものは守山甚三郎わたくしなり」と記しています。まだキリシタン禁制の中、「信徒発見[2]」直後にできた祈りの家でした。浦上に四つの秘密教会堂があったことは、長崎奉行所「異宗一件」書類にある密偵の報告書から知ることができます。浦上四番崩れは、これらの家に司祭が大浦居留地から密かに来てミサを捧げるそのときをねらって、奉行所の捕り手が来て始まりました。

1873(明治6)年キリシタン禁制高札が撤去され、流配処分の理由がなくなって故郷に戻されたキリシタンの多くは、家も1本の鍬も、1個の茶碗さえも残されていない現実に向き合わなければなりませんでした。しかし、大声でオラショを唱えることができる日がきたのです。その喜びは何にも代えがたいものでした。日曜日には浦上の人々も大浦天主堂まで歩いて行き、司祭が捧げるミサに与り、皆で祈り、聖歌を歌うことができたのです。浦上の人々は、7代250年、この日を待ちわびてきたのです。そして、自分たちの教会堂が建ちました。

1879(明治12)年建立の大明寺教会(通称伊王島教会)は、大浦天主堂に次いで古い教会堂でした。96年の歳月を経たとき、解体され、愛知県の明治村に再建されました。

パチェコ・ディエゴ著『長崎の天主堂』(西日本文化協会 1976年)の中に、「天主堂の死」という一文があります。「私は天主堂がなくなるのを見た。一番古い天主堂のひとつであった。年の重さの下にだんだん弱くなっていた上に人間の理解が足りなかったのでその姿は消えた。(中略)島から、長崎から、遠いところに送られたそこに、いつかもう一度建てられるそうであるが、決して同じものではないだろうと思う。そこには長崎の空も海もないからである」と。明治村まで、再建されたその教会堂に会いに行きました。やはり、昔の天主堂ではありませんでした。伊王島の空も海もないだけでなく、訪れる人を温かく迎える赤い「聖体ランプ[3]」がないその家は、お御堂ではありませんでした。「聖体ランプ」が灯され、祈りを捧げる信徒がいてはじめて建物はお御堂になるのだと、胸が痛むほどに実感させられた出会いでした。

教会堂はそこに、信徒とともにあることで、歴史を語り、そこに刻まれた神の恵みを、神に向かう祈りの心を、訪れる人に分けてくれるのだと思います。

片岡瑠美子[長崎純心大学]

1.浦上四番崩れ｜「信徒発見」の2年後の、1867(慶応3)年から江戸幕府そして明治政府によって行われた浦上村のキリシタンに対する弾圧事件。18世紀末以降、浦上では4度のキリシタン検挙事件が起きたが、最大の事件が「四番崩れ」だった。
きっかけは、信徒が親族の葬儀を僧侶を呼ばずに行ったこと。これが幕府の寺請制度に対する拒否の表明となり、弾圧を招く。キリシタンたちは次々と捕らえられて、棄教を迫られた。1868(慶応4)年、神道を国教に定めた明治新政府は、幕府の政策を引き継ぎ、キリスト教を禁止する掲示を含む「五傍の立札」を立て、棄教しない浦上のキリシタンたちを改宗させるために西日本諸藩に分散して流配するという処分を決定した。1868年には津和野、萩、福山に100人あまり、1870(明治3)年には3000人以上が約20ヵ所に分けて移送された。浦上のキリシタンたちはこの流配を「旅」と呼んでいる。故郷から離れた遠い地で、600人余りが死亡した。
欧米諸国からの糾弾を受けて、明治政府がキリシタン禁制の高札を撤去したのは1873(明治6)年。生き残ったキリシタンたちは釈放されて浦上へと戻った。
2.信徒発見｜1865年3月17日(元治2年2月20日)、大浦天主堂を訪ねた浦上村の潜伏キリシタンが、プティジャン神父の前でキリシタン信仰の告白をした。この出来事を「信徒発見」という。
1854(嘉永7)年に開国したものの、当時はまだキリシタン禁制の時代だった。「フランス寺」と呼ばれて多くの見物人を集めた大浦天主堂は、信仰の自由が許されていた居留地の外国人のために1864(元治元)年に建てられた。しかし、プティジャン神父らパリ外国宣教会の神父たちは、潜伏して信仰を守るキリシタンの存在を期待する。
禁教令から約250年間、浦上村で密かに信仰を受け継いできたキリシタンたちは、「フランス寺」にマリア像があることを聞きつけ、イザベリナゆりらが大浦天主堂を訪ねる。そこで「サンタ・マリアの御像はどこですか」とプティジャン神父に尋ね、信仰を告白する。これを機に、浦上を始め、外海地方、五島、平戸の潜伏キリシタンたちは神父たちと密かに連絡をとり合い、その指導下に入っていった。
3.聖体ランプ｜聖櫃《せいひつ》の中に聖体が納められているときに灯される赤いランプ。信者は、教会堂を訪ねたときは、通常、聖体の前で祈りを捧げる。

頭ヶ島教会

Kashiragashima Church

午前中の明るい光が堂内を満たす。

九州の西の果て、長崎港から西に100kmほどの海に五島列島は浮かぶ。大小あわせて100を超える島々からなる五島列島には、数多くの教会堂が点在している。
五島でのキリシタンの歴史は1566（永禄9）年、イエズス会の宣教師アルメイダの布教に始まる。領主の子らが洗礼を受け、信徒も増加するものの、反キリシタンの領主の代になると迫害が行われるようになり、江戸幕府の禁教政策によって、五島のキリシタンは絶えたといわれている。
その後、五島にキリシタンの歴史を復活させたのは、大村藩の外《そと》海《め》地方から移住してきたキリシタンたちだ。

画面左端、集落の最も奥まった場所に建つのが頭ヶ島教会。この島に暮らす島民は、現在20人に満たない。

1797（寛政9）年、五島藩主が大村藩主に、開拓農民の移住を要請、外海地方で厳しい生活を送っていた潜伏キリシタンたち約3000人が、表面上は仏教徒を装って、数回にわたって五島に移住した。この人々が、現在五島列島に存在する教会の信徒の先祖にあたる。五島列島の小さな島、頭ヶ島にある石造の教会堂の堂内は、パステルカラーの装飾が施され、明るく優しい。しかしそれは、信徒たちが財産を提供し、さらに自ら島の石を切り出して一つ一つ積み上げるという、並々ならぬ努力によって完成された。1910（明治43）年に着工するも資金難に苦しみ、ようやく1919（大正8）年に竣工した。大崎八重神父の指導のもと、設計・施工は、長崎の教会堂建築を多く手掛けた鉄川《てつかわ》与助《よすけ》が担当している。

花のレリーフやパステルカラーの装飾に彩られた堂内。4弁の白い花は、十字架を連想させる。

江袋教会

Ebukuro Church

板張りのリブ・ヴォールト天井に、海に沈む夕陽がさす。

五島の教会堂は、海辺に建つものが多い。たいていは、山が迫った辺《へん》鄙《ぴ》な土地にある。大村藩の外海地方からキリシタンたちが五島開拓のために移住してきたものの、条件の良い場所にはすでに土地の人々が暮らしていたからだ。多くの移住者たちは、痩せた不便な土地を選ぶよりほかなかった。結果的に多くの教会堂は、海と山のつくる美しい景色のなかに建てられることになった。

江袋教会は、海を見下ろしている。1882（明治15）年に建立された瓦屋根の木造平屋は、遠目には民家のようで他の集落の家と区別がつかない。引き戸を開けて堂内に入れば、板張りのリブ・ヴォールト天井が厳かに空間を包んでいる。海から吹き上げる風の渦巻く音が、しんと静まり返った御堂に響く。

古い教会堂が時とともに消えていくなかで、改修を行いながらも江袋教会は明治初期の雰囲気を伝えてきた。しかし、長崎県内では最古の現役の木造教会堂だった貴重な御堂は、2007（平成19）年の火災で大部分を焼失。2010（平成22）年に、かろうじて残った柱や梁などを生かして同じ場所に復元された。［2006年撮影］

祭壇や御像の前には、季節の花が絶えず飾られている。

旧鯛ノ浦教会

Former Tainoura Church

尖頭アーチを基調としたリブ・ヴォールト天井。曲線を描く木製のリブが、空間にリズムを与える。

長崎港を出発した高速船は五島灘を横断して、1時間40分ほどで中通島の鯛ノ浦港に着く。そこから北に10分ほど歩いたところに、鯛ノ浦教会の新・旧教会堂がある。
鯛ノ浦教会の歴史は江戸後期に外海地方の出津《しつ》から移住してきたキリシタンに始まる。明治初期に「五島崩れ」と呼ばれる迫害を受けたこの地に、明治10年代、大浦天主堂の司教館から派遣されたブレル神父は、教会兼司教館の藁屋根の家を建てて、この地を上五島の布教の拠点とした。司牧は北の野崎島まで及んだ。神父は、恵まれない子供たちを救済する養育事業にも着手する。
1903(明治36)年に建てられた木造の旧鯛ノ浦教会の建設には、ペルー神父の設計指導のもと、若き日の鉄川与助が関わったとされている。1979(昭和54)年、新教会堂が建てられて以来、旧教会堂は、図書室や信仰教育施設として使用されている。

若松大浦教会
Wakamatsuoura Church

祭壇上部から、ふっくらとした顔立ちのマリア像が、堂内を優しく見守る。

五島列島の中通島を南北に走る国道のそばに建つ、瓦屋根の木造の小さな若松大浦教会は、一見すると民家のようだ。1926(大正15)年に建てられた教会堂は、内部もじつに簡素な造りだ。きらびやかな装飾はない。けれどもそこには温かな空気と清々しさが満ちている。祭壇上部に掲げられた聖母マリアの表情がなんとも柔和で優しい。戦後間もない頃、信徒の一人が手彫りで制作したもので、当時結婚したばかりの妻をモデルにしたともいわれている。親しみやすいふっくらとした和風の顔立ちは、一度見たら忘れられない表情をたたえている。

青砂ヶ浦教会
Aosagaura Church

放課後、オルガンを弾きながら、聖歌の練習をする子供たち。

奈摩《なま》湾を望む高台に建つ赤い煉瓦の教会堂は遠くからでもよく目立つ。

外海地方からこの地に移住してきたキリシタンたちは、禁教時代も信仰を密かに守り続け、1878(明治11)年頃、最初の教会堂を建てる。その後一度改築を行い、1910(明治43)年、大崎八重神父のもと、3代目となる現在の煉瓦造の教会堂が完成する。神父は海外から本を取り寄せて、建設の指導にあたった。信徒たちは海岸から高台の建設現場まで、煉瓦を背負って運び上げたという。設計・施工を担った鉄川与助にとっては、3作目の教会堂となる。煉瓦造の教会堂としては、野首《のくび》教会[P.40]に続く2作目。鉄川は青砂ヶ浦教会からも近い新上五島町の丸尾郷に生まれ、明治から昭和まで、多くの教会堂建築に携わった。

薔薇窓の色ガラスからさし込む夕陽。堂内を染める光は、刻々と移動していく。

旧五輪教会

Former Gorin Church

赤いカーテンの中で司祭に罪を告白する。/左頁:左から2軒目が旧五輪教会。一番右は新教会堂。

久賀《ひさか》島東部の五輪地区を訪ねるのは容易ではない。今でも車が入る道はなく、途中で車を降りて山道を歩くか、海上タクシーを利用することになる。隣の福江島の福江港から30分ほど海上タクシーに乗ると、小さな漁港·五輪港が見えてくる。旧五輪教会と新教会堂、そして民家が数軒あるだけの静かな港だ。

瓦屋根で木造の旧五輪教会は、民家のような素朴な佇まいをしている。内部に入ると、外観の印象からは予想しえない、板張りのリブ·ヴォールト天井のつくる、豊かな空間に驚かされる。旧五輪教会は、浜脇《はまわき》教会の建て替えの際に、1881(明治14)年建立の旧浜脇教会堂を移築したものだ。1931(昭和6)年の移築から約50年間、祈りの家として信徒たちが集った

五島に現存する最古の教会堂は、長崎の初期教会堂の姿を今に伝えている。

旧五輪教会は、1985(昭和60)年に建てられた新教会堂にその役割を譲っている。
久賀島は明治の初めに起きた「五島崩れ」と呼ばれる五島藩によるキリシタン弾圧の発端となった場所でもある。久賀島の信徒の祖先も、江戸時代後期に外海地方から移住して、禁教時代に密かに信仰を守り続けた。信徒発見後の1868(明治元)年、役人にキリスト教徒であることを申し出たために、多くのキリシタンたちが捕らえられ、拷問を受ける。棄教を拒んだ約200人はわずか6坪ほどの牢に立ったまま押し込められ、老人、子供から死んでいき、8ヶ月の間に39人、解放後にも3人が命を落とした。この場所には現在、牢屋の窄《さこ》殉教記念教会が建っている。

光がさし込む窓の外には、海が広がる。

老朽化によって解体される直前に、文化財として保存されることが決まった。

中ノ浦教会

Nakanoura Church

五島の椿の花をモチーフにしたともいわれる、真っ赤な花の装飾が堂内に連なる。

中通島と若松島の瀬戸に沿って続く道は、複雑な海岸線の形にあわせてカーブが続く。やがて、湖のような穏やかな小さな入り江の向こうに、鐘塔を持つ教会堂の姿が現れる。1925(大正14)年献堂の木造教会堂の内部に入ると、椿のような赤い花の装飾の鮮やかさに目を奪われる。4枚の花弁を持つ花は、十字架を表しているともいわれる。この装飾は、久賀島にかつてあった細《ざ》石《ざ》流《れ》教会(鉄川与助設計・施工)のものとよく似ている。
この地区の信徒の祖先は、江戸後期に外海地方の黒崎から移住した人々だと伝えられている。

水ノ浦教会
Mizunoura Church

下五島、福江島の水ノ浦湾を見下ろす高台の白い教会堂は、1938（昭和13）年、鉄川与助の設計·施工によって建てられた。与助は戦後も鉄川工務店の仕事として、いくつかの教会堂建設に携わっているが、与助個人の設計では、これが最後の作品となった。木造教会堂としては最大の規模を誇る水ノ浦教会の内部空間は、広々と豊かで明るい。水ノ浦教会の歴史は、外海地方の神ノ浦などから移住してきたキリシタンに始まると伝えられている。1880（明治13）年に最初の教会堂が建てられたが、老朽化にともない、現教会堂に建て替えられた。

一十九

堂崎教会
Dozaki Church

奥浦湾に向かって教会堂は建つ。かつては、法螺貝の音でミサの時間を知らせていた。

1873(明治6)年に、堂崎を訪れたフレノ神父による野外ミサには多くの信徒が集まり、同年12月24日の夜には、浜辺で松明《たいまつ》の灯りのもと、五島での信仰復活後、初めてのクリスマス・ミサが捧げられた。1880(明治13)年、下五島の主任司祭となったマルマン神父は、堂崎に教会堂を建てたほか、孤児らを救済する施設「子部屋」の設立にも尽力した。

現教会堂は、五島列島の宣教を統括するペルー神父の設計で完成し、1908(明治41)年に献堂された。施工は福江の棟梁・野原与吉。鉄川与助も建設に参加している。五島の宣教の拠点としての役割を終えた堂崎教会は、1977(昭和52)年、聖堂内部にキリシタン資料館が開設された。

2階の楽廊の床からのぞく、窓の上部の尖頭アーチ。

江上教会
Egami Church

過疎化と高齢化が進んだ江上地区では、現在は3世帯、10人ほどの信徒が教会堂を守っている。

奈留《なる》島の西側の海岸近くに、森に包まれるようにして、江上教会はひっそりと建っている。

周囲は過疎化が進み、現在の信徒は10人ほどだという。

江上教会は、1881（明治14）年に外海地方から移住した潜伏キリシタンを祖先とする4家族が洗礼を受けたことに始まる。当時は聖堂を持たず、信徒の家でミサを捧げていたが、1906（明治39）年、最初の教会堂が建てられ、1918（大正7）年には、50戸ほどの信徒が地引網漁で得た収益を建設資金として工面し、鉄川与助の設計・施工によって現教会堂が完成した。

木造の堂内は、優しい曲線を描くリブ・ヴォールト天井が、素朴で温かな空間を覆っている。派手な装飾はない。透明な窓ガラスに描かれた白と黄色の花模様や、木目塗りが施された柱などの装飾からは、人の手の温もりが感じられる。

時の流れとともに傷んでしまった外観は、2001（平成13）年、江上教会と奈留教会が協力して、信徒たちの手によって、建設当時の姿を残すように丁寧な修復作業が行われた。

木目塗りが施された柱やリブ。

透明なガラスに描かれた花模様。

大曾教会
Oso Church

聖体拝領台を移ろう光。

中通島の青方《あおかた》港の入り口に位置する大曾地区では、住民の多くがカトリック信者で、彼らもまた外海地方から移住してきたキリシタンの子孫だという。

1879（明治12）年に木造の教会堂が建てられたが、やがて煉瓦造の教会堂建設の機運が高まり、1916（大正5）年に現教会堂が完成した。青砂ヶ浦教会[P.18]や頭ヶ島教会[P.6]と同じく、大崎八重神父の指導のもと、鉄川与助が設計・施工にあたった。当時の総建築費は1万2000円ほどであったという。木造の旧教会堂は若松島の土井ノ浦に移築された。外観は改築されているものの、内部のリブ・ヴォールト天井は残されている。

祭壇上部の色ガラスからさし込む夕陽。

入り口の上の、キリストの心臓を表すレリーフ。

野首教会

Nokubi Church

信徒が去って40年近い野首地区。ときどき、故郷を懐かしんで帰郷する人もいる。

五島列島の北の小値賀《おぢか》島から20分ほど船に揺られると、野崎島に到着する。キリシタン集落のあったこの島は、高度成長期に島民の離島が相次ぎ、今ではほぼ無人。家屋が崩れ落ち、石積みだけが残った段々畑の跡地では、野生化した鹿が悠々と草を食む。そんななか、海を見下ろす小高い丘の上に、赤い煉瓦の教会堂だけが何事もなかったかのようにしっかりと建っている。ヨーロッパの城砦を思わせる煉瓦造の外観とは対照的に、木が使われた内観はどこか懐かしい。木製の柱は日本の寺社を思わせるが、そこから伸びたリブは尖頭アーチを構成し、西洋建築に倣ったリブ・ヴォールト天井をつくりあげている。和と洋の様式が美しくからまりあった堂内は色ガラスからさし込む光で、色とりどりに染まる。

設計・施工にあたったのは鉄川与助。教会建築の名工が手掛けた最初の煉瓦造の教会堂は、1908（明治41）年に献堂された。

信徒が離島してから荒廃していた教会堂は、1988（昭和63）年に小値賀町によって修復され、以前の姿を取り戻した。信徒を失い、教会堂としての役目を終えた野首教会には聖体ランプの赤い灯は灯っていないが、そこにかつて集い祈った信者たちの気配は今なお感じ取ることができる。

教会堂を譲り受けた小値賀町が行った修復には、鉄川与助の孫、鉄川進氏が携わった。

山田教会
Yamada Church

教会堂の近くには、生月島最初の殉教者ガスパル西の殉教地「黒瀬の辻」がある。

平戸島の北西に、700mばかりの海峡を挟んで、多くの殉教者を出した生月《いきつき》島がある。1550(天文19)年にザビエルが平戸を訪ねてから、この島にもキリスト教が広まるが、その後、平戸領主が弾圧を行い、殉教の歴史が始まる。江戸時代になると禁教政策のなかで、キリシタンたちは潜伏して信仰を守り続けた。現在でも生月島には、カトリック信者にならずに、潜伏時代の信仰の形をとり続ける、いわゆる「カクレキリシタン」の組織が残っているという。現教会堂は1912(大正元)年、鉄川与助の設計・施工によって完成した。堂内の天井側面を飾る絵は、約3万匹の蝶の羽根を使ったもので、カトリックの教えである「七つの秘跡」など神の恵みを象徴している。1990(平成2)年頃に当時の主任司祭によって制作された。

田平教会
Tabira Church

西日がさし込む堂内。

田平教会は、1886（明治19）年にラゲ神父が自費で買い取った田平の原野に、田畑の少ない黒島から信徒の3家族が開拓のために移住したことに始まる。ド・ロ神父もそれに続いて土地を買い取り、外海地方から次々と信徒が移住する。その後は黒島、五島、外海、平戸などからの私費での移住者も加わり、大正のはじめには、80戸ほどの信徒の集落が形成された。

現在の教会堂が完成したのは1918（大正7）年。中田藤吉神父の指導のもと、設計・施工は鉄川与助が担当した。与助にとっては、最後の煉瓦造の教会堂の作品となる。

信徒たちは、資金の拠出に尽力し、労働奉仕にも励んだ。建設に使われた石灰をつくるための貝殻焼き場の跡が、教会堂の前に残っている。教会堂のそばには信徒の墓が、教会堂と同じように平戸瀬戸に向かって広がっている。

入り口のアーチから下がる木彫飾り。

宝亀教会

Hoki Church

さまざまな色があふれる宝亀教会の堂内。

長崎県北部の平戸島の市街地から車で30分ほど海沿いを南下して、少し山に入ると、緑に囲まれた静かな土地に、赤茶と白のファサードが鮮やかな宝亀教会が現れる。
淡いグリーンや、水色、黄色など、パステルカラーに塗られた木造の堂内には、優しく大らかな雰囲気が漂う。緑色に彩色された柱頭のアカンサスの模様は、どこか南国風にも見える。教会堂の両側面にはアーケードが設けられ、窓を通じてこのアーケードと堂内を行き来もできる開放的な造りとなっている。
この地区の信徒は、江戸時代後期に外海地方や五島などから移住した潜伏キリシタンの子孫が中心となっている。玄関部分が煉瓦造、会堂が木造の現教会堂は、紐差《ひもさし》教会[P.53]を拠点に、県の北部を巡回していたマタラ神父の指導で、1898(明治31)年頃に建てられた。費用は信徒と神父が拠出し、煉瓦や材木を海岸から背負って運ぶなどして、信徒たちが協力してつくりあげた。

色ガラスの窓からさし込む光が、天井にグラデーションをつくる。

2階の楽廊。

側面に設けられたアーケード。

紐差教会
Himosashi Church

宝亀教会[P.49]から、さらに4kmほど南に下った平戸島の中央部に、八角ドームの鐘塔を戴いた大きな教会堂がそびえている。その堂内は、コンクリートの梁の直線的な格間《ごうま》と、そのなかに嵌め込まれた花柄や葉模様の装飾が印象的な折上天井に覆われている。
1929(昭和4)年に完成した紐差教会は、設計·施工を手掛けた鉄川与助にとって、熊本市の手取《てとり》教会についで、2棟目の鉄筋コンクリート造の教会堂になる。建築学会に入会し、当時の最新の技術を熱心に学んでいた与助は、早くも1923(大正12)年には、初めての鉄筋コンクリート造の作品である長崎神学校を完成させ、以降、鉄筋コンクリート造の建築に取り組んでいく。
1878(明治11)年、平戸島に来島したペルー神父が、田崎に教会堂と司祭館を建て、それを後任のラゲ神父が紐差に移すと、紐差は長崎県北部の布教の中心地となった。
1887(明治20)年から地区長となったマタラ神父が建てたという木造の旧教会堂は、現在の教会堂が建てられた際に移築され、佐賀県の馬渡《まだら》島教会として今も使われている。

黒島教会
Kuroshima Church

マルマン神父が飾りを刻んだ説教台。マイクのない時代、声が通るように高い位置に説教台が設けられた。

佐世保から平戸にかけて、200以上の小さな島が散らばる九十九《くじゅうく》島に、住民の大半がカトリック信者の島、黒島がある。平戸藩の放牧地だったこの島に、江戸時代後期、生月島や外海地方などから潜伏キリシタンが移住して、現在につながるキリシタン集落をつくる。1865(元治2)年の大浦天主堂における信徒発見の2ヶ月後、黒島からも20人の信徒の総代が大浦天主堂のプティジャン神父に会いに行っている。そして、禁教の高札が撤去された1873(明治6)年までに、黒島のキリシタンたちはほとんど、カトリック信徒になった。1878(明治11)年にはペルー神父が来島して木造の教会堂を建立し、「女部屋」とも呼ばれた黒島愛苦会(後の黒島修道院)が1880(明治13)年に創立された。

現在の煉瓦造の教会堂は、1897（明治30）年に黒島に赴任してきたマルマン神父によって建設が始められた。途中、予算不足で工事を中断しながらも、1902（明治35）年に献堂式が行われた。
煉瓦造で重層屋根を持つ堂々たる教会堂は、それが自然豊かな周囲12km程度の小島にあることを考えると、驚くべき規模に見える。3層構造の完成された内部空間は天井が高く、最上部のクリアストーリー（高窓）の色ガラスからさし込む光は、荘厳な堂内を明るく照らす。木製のリブ・ヴォールト天井の木目塗りや、内陣の床に敷かれた有田焼きのタイルなど、細部まで手が込んでいて美しい。

崎津教会
Sakitsu Church

祭壇のあたりで、かつて絵踏が行われた。/左頁:昔ながらの漁村の景観が残る崎津の集落。信徒の家は60戸ほど。

丘の上に建つ大江教会[P.63]からバスに乗って20分ほど南下すると、天草灘に続く羊角《ようかく》湾の小さな入り江の畔に、崎津の漁村が見えてくる。リアス式の海岸線が複雑に入りくんだ穏やかな湾と、水際まで迫る山に挟まれた集落には、家々が肩を寄せ合うように密集している。その中央から教会の尖塔が、ひときわ高く空に向かって伸びている。

江戸時代から続く潜伏キリシタンの歴史を持つ地域の教会堂の多くは、人家がまばらな僻《へき》地《ち》にひっそりと建っており、この崎津教会のように集落の中心にそびえ立つ教会堂は少ない。

天草島でのキリスト教の布教は1566(永禄9)年、イエズス会の宣教師アルメイダによって

畳が敷かれた堂内。現在は畳の上に椅子を置いて、祈りのために使っている。

始められた。現在の河浦町にはコレジヨ（大神学校）が置かれるなど、キリシタン文化が開花した時期もあった。ローマ教皇に謁見した天正遣欧少年使節の4人も、帰国後にこのコレジヨで学んでいる。

その後の江戸から明治にかけてのキリシタン禁制時代を経て、崎津に最初の教会堂が建てられた。現在の教会堂は1934（昭和9）年、ハルブ神父の時代に竣工した。鉄川与助が手掛けている。

庄屋屋敷の跡に建てられた教会堂の祭壇のあたりでは、かつて、絵踏が行われていた。堂内には今では珍しくなった畳敷きの床が残されている。

大江教会
Oe Church

祭壇の上の絵は、ガルニエ神父の姪が、教会堂の完成を祝って神父に贈ったもの。

熊本駅前から天草下島の中心地・本渡《ほんど》まで、バスに揺られること2時間半。かつて島原・天草の乱の激戦地だったこの地で乗り換え、島を西へと横断し、天草灘に面した下田温泉に出る。そこからさらにバスを2本乗り継いで島の西側を南下。その間、車窓には海と山の長閑《のどか》な景色が延々と続く。約5時間の旅の末、大江の小高い丘の上に、やがて美しい白い教会が姿を現す。深々とした緑に慣れた目に、その白さはいっそうまぶしく映る。

大江教会の設立は明治初期。島原・天草の乱を経て、江戸幕府による禁教政策が徹底された後も、天草下島の大江村や崎津村など南西地域では、潜伏キリシタンたちが密かに信仰の灯を守り続け、1873(明治6)年に長崎から訪ねてきた信徒によって発見され、信仰復活への第一歩となった。

現在の教会堂は、ガルニエ神父の尽力により、1933(昭和8)年に完成した。50年近く大江教会の主任司祭をつとめた神父は、質素な生活を送りながら、孤児の養育や新教会堂の建設に取り組んだ。木造の旧教会堂に替えて建てられた鉄筋コンクリート造の教会堂の設計・施工は鉄川与助による。

1907(明治40)年の夏、与謝野鉄幹とその門弟、北原白秋ら5人が、パアテルさんと呼ばれ地元の人々に慕われていたガルニエ神父に会うために、大江の旧教会堂を訪問している。九州各地を旅した彼らの紀行文「五足の靴」に、その模様が綴られている。

教会堂の右奥に見えるのは大江漁港。

浦上教会
Urakami Cathedral

小聖堂に安置される被爆したマリア像。

浦上村の潜伏キリシタンたちは、1865（元治2）年、大浦天主堂のプティジャン神父に信仰を告白した後、村に秘密裏に四つの礼拝堂を造って神父たちの指導を受けていた。しかし幕府はキリスト教の信仰を禁止していた。明治になっても、キリシタン禁制政策は新政府に引き継がれる。こうしたなか、幕末から明治初頭にかけて、最後の迫害「浦上四番崩れ」が起こる。
1868（慶応4）年、浦上村の100人あまりのキリシタンの農民たちは捕らえられ、棄教を拒否した者は西日本の諸藩に分散して流配されることとなった。1870（明治3）年にはさらに3000人以上が移送される。この流配を浦上の信徒たちは「旅」と呼ぶ。1873（明治6）年、キリシタン禁制の高札が撤去されると、生き残った信徒たちはようやく帰郷を許され、多くの殉教者を出した「旅」はここに終わりを告げた。
荒廃した浦上の地での困窮のなかにあって、祈りの家を求めた信徒たちは、売りに出されていた庄屋屋敷を買い取って仮聖堂とした。ここはかつて、キリシタンたちが絵踏を強いられていた場所だった。今の浦上教会は、その地に建っている。
1895（明治28）年、フレノ神父のもと、煉瓦造の教会堂の建設が始まり、資金難に苦しみながら1914（大正3）年ようやく献堂式が行われる。当時としては東洋一の規模を誇ったその教会堂は、1945（昭和20）年、原爆によって崩壊したが、1959（昭和34）年、同じ場所にほぼ同じ規模で再建され、今にいたる。

大浦天主堂
Oura Cathedral

長崎港を見下ろす大浦天主堂。/左頁:「信徒発見」のマリア像。

金色に輝く十字架を載いた天主堂が、南山手の丘に完成したのは1864(元治元)年。ゴシックと古典様式の入り混じった西洋建築でありながら海鼠《なまこ》壁や鏝絵《こてえ》も用いられたこの珍しい建物を、長崎の人々は「フランス寺」と呼んで見物に押し寄せた。しかし当時、信仰の自由が許されていたのは外国人だけ。日本人のキリスト教信仰はまだ厳しく禁じられていたため、天主堂はパリ外国宣教会の神父たちによって外国人居留地に隣接する土地に建てられた。

完成の翌年の3月17日の昼下がり、十数人の男女が、浦上村から決死の覚悟で天主堂を訪ねてきた。そのうちの一人、イザベリナゆりは、堂内で祈りを捧げるプティジャン神父に近づき、耳元でこうささやいたという。「ワレラノムネ、アナタノムネトオナジ」。禁教下で潜伏キリシタンたちが密かに守り受け継いできた信仰を明かして、7代(約250年)の間、再び渡来することを待ち続けた司祭と再会した、「信徒発見」の歴史的瞬間だった。ゆりは続けて「サンタ・マリアの御像はどこですか」と尋ね、神父を喜ばせた。そのマリア像は今も右脇祭壇に幼子イエスを抱いて優しい表情を浮かべている。

幾度かの改築や原爆で負った被害の修復を経て、大浦天主堂は日本に現存する最古の教会堂として国宝に指定されている。

神ノ島教会
Kaminoshima Church

長崎港の玄関口の高台に白い姿を輝かせる神ノ島教会は、さながら港に入る船を歓迎しているかのようだ。その高台の下の岩の上では、純白のマリア像が行き交う船を見守っている。デュラン神父と信徒が助け合って建て、1897（明治30）年に献堂された教会堂へは、海のそばから始まる長く急な階段を登っていかねばならない。
小さな港町、神ノ島は、戦後に埋め立てられて地続きとなったが、もとは、禁教時代からキリシタンが潜伏していた小さな島だった。大浦天主堂［P.68］の建立を知った神ノ島のキリシタンたちは、水方《みずかた》の西政吉らが、大浦天主堂へと船をこぎ、信仰を告白。その後、西政吉は兄の忠吉とともに、各地のキリシタンをプティジャン神父に引き合わせて布教活動に貢献した。

出津教会
Shitsu Church

急峻な斜面が角力《すもう》灘に落ち込む西彼杵《にしそのぎ》半島の外海地方は「キリシタンの故郷」かもしれない。交通の便が悪く、平地の耕作地の少ない外海は、禁教時代のキリシタンたちが密かに信仰を守り、受け継ぐにふさわしい場所だった。江戸後期には、キリシタンたちは開拓移民としてこの地から五島列島の各地に渡ったほか、黒島や馬渡島、平戸島などへも移住していった。明治に入ってからも、田平などへ移住して、長崎の多くのカトリック教会の信徒のルーツとなった。

教会堂の下の小径は、出津救助院へと続く。ド・ロ神父が行き来した道だ。

出津教会は、1879（明治12）年に外海地方に赴任したド・ロ神父が私財を投じて、1882（明治15）年に完成させた。その後、信徒の増加にともなって、2回の増改築を行い、現在の姿となった。

設計したド・ロ神父は、この地特有の強風を考慮して、屋根の高さを抑えたほか、内部も質実剛健の造りに徹した。神父が何よりも実用性を重んじたことがうかがえる。故郷フランスに帰ることなく、30年以上もの年月を外海地方で過ごしたド・ロ神父は、建築のほか、医療や農業、産業の育成、教育など多分野で活躍し、貧しい人々を物心両面で支えて、この地の信徒に「ド・ロ様」と敬われた。

天井を低く抑えた出津教会。五島灘から吹き上げる強風に耐えている。

大野教会
Ono Church

教会堂の入り口。簡素な平屋の堂内。

外海地方の山あいにひっそりと佇む大野教会は、1893（明治26）年、ド・ロ神父によって建てられた。わずか26戸の信徒のために、出津教会［P.72］の巡回教会としてつくられた小さな教会堂は、華やかな装飾が一切なく素朴で慎ましやかだ。
目を惹くのは、玄武岩を積んだ会堂の壁だ。古くから外海にあった石積みの構法に、ド・ロ神父が改良を加えて、強度と耐久性を高めたもので、「ド・ロ様壁」とも呼ばれている。出津救助院や鰯網工場（現ド・ロ神父記念館）にも、方言で温石《おんじやく》と呼ばれる結晶片岩を積んだ「ド・ロ様壁」が用いられている。神父の故郷フランス・ノルマンディーの民家には、「ド・ロ様壁」のような壁が見られるという。

黒崎教会

Kurosaki Church

朝の光あふれる教会堂で、ミサに与る信徒たち。

教会堂へと続く石段を、老若男女が登っていく。軽快な足取りの子供たち、幼児を抱えた母親、手すりを頼る老人。日曜日の朝、ミサに与《あずか》る信徒たちが御堂に集う。色ガラスを通してさし込む朝日は、女性たちが被る白いヴェールを赤や青に染める。その光は時間とともに、御堂の中を音もなく移ろっていく。やがて教会堂は祈りの声と歌声に満たされ、生き生きと活気づく。外海地方のキリシタン集落の一つである黒崎は、1879（明治12）年からド・ロ神父が布教と司牧を行った場所だ。1871（明治4）年から小さな御堂があったが、1887（明治20）年に黒崎小教区として出津教会［P.72］から独立すると、教会堂の建設のために、信徒たちが資金を積み立て、ようやく1920（大正9）年に現在の教会堂を完成させた。

外海の出津教会の近くから望む五島灘。

ド･ロ神父のこと

片岡瑠美子［長崎純心大学］

ド･ロ神父の故郷フランスのヴォ･スロールを訪ねたのは夏であった。生家ヴォの館の前には緑のなだらかな牧草地が広がり、放牧されている乳牛がたわわに実ったリンゴをむしり取って食べている、穏やかな風景があった。

ド･ロ神父は1840年3月26日木曜日、ヴォの館で生まれた。7月革命を経験した父ノルベールは、ノルマンディ貴族でありながら農民たちの中で過ごし、子供たちにはどんな社会変動の中でも、より良く生きる力を身につけさせようとした。神と人への愛、信仰教育、印刷出版、建築、医療、工夫改良に富んだ授産事業、教育、土木工事、農業、開拓などに発揮された才能は、父のもとで磨かれたのであろう。

パリ外国宣教会に入会したド･ロ神父が長崎に上陸したのは、1868年6月7日、浦上キリシタン総流罪の太政官達が出されたその日であった。

来日の準備として石版印刷術を学んできたド･ロ神父は、キリシタン禁制が解かれる1873年までに、プティジャン司教准許の下、石版刷りによる19種、木版1種の秘密出版を行なった。

1873年以降10種の石版とド･ロ神父の著作印刷で7種の活版が出されている。これらはプティジャン版と呼ばれている。ド･ロ神父による最後の出版『オラショ並ニヲシエ』は、ほとんどが平仮名、片仮名であり、平易で覚えやすい文章である。誰のための出版か、明らかである。大人も子供も口ずさんでいたに違いない。

ド･ロ神父は建築にも優れ、その特徴は堅牢かつ周囲に溶け込む建物ということである。大浦の旧羅典神学校、工夫を凝らした旧出津救助院（授産場、マカロニ工場、鰯網工場）、民家風の石造大野教会堂、台風の被害を避けるために柱を寸足らずにした出津教会を建立した。ド･ロ神父によるこれらの建造物はすべて国の重要文化財に指定されている。驚異的才能である。

しかし、宣教師マルコ･マリ･ド･ロ神父の人に対する深い愛とフロンティア精神が発揮されたのは、1879年に赴任し1914年の逝去までの35年間、外海の出津教会主任司祭であった時代である。外海地方は急斜面の山肌が五島灘に落ちるような厳しい地形で、鰯漁とサツマイモ、小麦栽培に頼る生活環境であった。故郷ヴォスロールと余りにも異なる風景に戸惑う気持ちもあったに違いない。

彼は父から譲られた私財を惜しみなく人々のために使った。外海地方には荒海で夫を亡くした漁師の未亡人が多かった。ド･ロ神父は「聖ヨゼフの作業場」と名付けた救助院で、製粉、機織、パンやマカロニ製造、搾油などの技術を教え、日記、算術などの学業も授けた。ド･ロ神父らしいこだわりの製品指導は、今、「ド・ロ様素麵」として外海の名産になっている素麵づくりである。狭い土地から多くの収穫を得るために大浦で買ってきた米俵で堆肥をつくり、フランスから取り寄せた小麦を播いた。フランス式の長い柄の鎌で収穫した小麦を自家製水車小屋で精粉し、ピーナツ油でこねた。ノルマンディの農家を偲ばせる授産場は、海に面する壁のほぼ全面が窓のようなガラス戸で開放されている。海風が入る日は粉に入れる塩を減らすよう指導した。製品は市場の規格に合わせた木箱に「至風木舎ソーメン」のラベルを貼って売られた。文明開化の世では都会でなくても現金が必要になっていた。ド・ロ神父はそれを得る術を教えた。学べばあとは自分たちでできるからである。そのためには最善のものを用いた。現在ド・ロ記念館に残っている医療器具はイギリス製とフランス製、糸車はフランス製と和製、メリヤス織機はドイツ製、編物計算機はオランダ製というように、世界一流の生産国から買っている。しかし、自分の生活は土地の人と同じように質素なものであった。

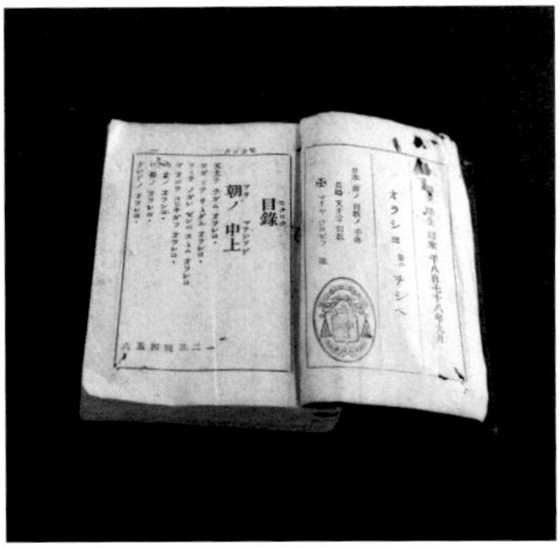

「オラショ並ニヲシエ」

ド・ロ神父は教育者であった。救助院で働く若い女性たちを「聖ヨゼフ会」と名付けて指導した。その共同体は統合されてお告げのマリア修道会となり、今も外海でド・ロ神父の愛の精神と実践を受け継ぎ、奉仕を続けている。ド・ロ神父考案の救助院の制服は、わが国で最初の洋式作業服であり、服装史の上からも注目されている。ノルマンディ地方の農家の人々の服装で、生地が厚く、ツーピースの上着の袖付けには和服のように襠《まち》が入り、仕事着としてド・ロ神父独自の工夫が加えられている。

中村私学開設の認可を県から得て、読み・書き・そろばんを教えた。神父の右腕であった伝道士中村近蔵は和歌を詠む人であった。青年たちに技術と農事改良の知識を授け、農業の多角経営を行わせ、二男、三男に独立自活の道を開かせようとしたが、環境はまだ整っていなかったようである。しかし、その頃の大平開墾地は今、文化遺産として蘇り、麦、茶、蕎麦の生産が始まっている。子供たちの信仰教育教材用に作成したと思われる大木版画は、天草の大江教会のもののように、高く掲げるとフランスで生まれたステンドグラスを思わせる。ステンドグラスは単なる装飾ではなく、文字が読めない人々のためにキリストの生涯と聖書に記された教えなどを教える視覚教材でもあった。

ド・ロ神父は人を育てる名人であった。長崎の教会堂の多くを建てた鉄川与助は、ド・ロ神父から建築の基本を学び、器材も譲られている。また、ド・ロ様薬が一番効くと言われるほどの医療の知識をもって赤痢、腸チフスの医療にもあたったが、若い男女を協力者として集め、医学・医療の知識を伝授し、実践させた。当時日本に二つしかないと言われた妊婦の人体模型を使って助産師を育て、出産時の母子の事故を減らした。

神父が土地を買って移住させた田平には、広い畑と昆虫公園、鉄川与助によるレンガ造の大きな教会堂が建っている。

ド・ロ神父は、遺言により、信徒たちとともに造成した出津教会墓地に葬られた。

「マルコ・ド・ロ氏の遺骸葬むりて此処に在り 氏は35年間 熱心に出津教会を治め西紀1814年11月7日に長崎に於て逝く 享年74 司祭位に在ること49年なり わが選める者の労や空しからず」と墓碑に刻まれている。

愛用したカレンダーは、11月7日の日曜日で止まっているが、その愛の精神は外海の人々に語り継がれ、生き続けている。

医療に用いた薬。ド・ロ神父記念館には神父ゆかりの品が展示されている。

与助が残したもの

鉄川進［鉄川進一級建築士事務所主宰］

今村教会（福岡県）の堂内。

鉄川与助は1879年、現在の長崎県新上五島町で生まれた。鉄川家は代々大工棟梁の家系であり、与助の祖父は富江侯の御用大工であったという。父・与四郎のもとで仕事を始めた与助は、実家にほど近い曾根郷で初めて教会建築に接することになる。

この時代、建築は現在のような請負制度ではなく、建て主が職人を直接雇い資材を購入するという造りかたが主流だった。大工棟梁はそのような施工制度の中で、設計者と施工管理者を兼ねたような立場で仕事を担っていた。27歳でこの立場を継いだ与助は、冷水教会を手始めに各地で教会建築を手がけていった。

当時の長崎の教会建築は、教会という建築様式を、伝統的な日本の工法の応用によって造っていた。このことは建築がシステムであることを考えれば当然のことで、来日し教会を造る宣教師に建築知識があっても、現地にある施工の組織と工法を使わないと建物を造ることはできない。これによって教会という様式と、地域の伝統的建築技法の融合が生まれた。これは長崎の教会群の独自性であり、世界遺産になりうる理由のひとつでもある。
しかし近代建築を知るにつれ、本当にそれでよいのかと与助は考えたにちがいない。与助は1908年に建築学会に入会し、さまざまな知識を得ることになるが、その最大の成果は鉄筋コンクリート構造の技術であった。
与助が手がけた初めての鉄筋コンクリート造の作品である長崎神学校が完成するのは、1923年のことである。建築学会の計算基準が制定される前の時代で、彼の書いた設計図書は上海に送られてフランス人建築家のチェックを受けたが、変更はなかったという。
子供だった私にとっての祖父・与助は、静かな引退生活での印象しかない。それでも、黒のスリーピースに懐中時計の鎖をたらして歩く姿や、年代もののパーコレータでいれてくれるコーヒーの味に、西洋の建築に憧れ、努力によってそれを自らのものにした自信を感じたような気がするのである。

煉瓦造の今村教会。与助は長崎県内だけでなく、近県の教会堂建築も手がけた。

鉄川与助の歩み

五島に生まれる

1879(明治12)年、五島列島の中通島・丸尾郷に、大工の棟梁・鉄川与四郎の長男として生まれる。高等小学校卒業後、父や他の棟梁のもとで修業を積む。

ペルー神父との出会い

1901(明治34)年頃(22歳頃)、中通島の旧曾根教会の建設に関わる。設計はフランス人のペルー神父。施工は福江島の野原棟梁。ペルー神父からリブ・ヴォールト天井を掛ける方法と幾何学を学ぶ。後に同神父設計の旧鯛ノ浦教会や旧桐教会の建設にも関わったとされる。

鉄川組を興す

1906(明治39)年、27歳の与助は父から家業を引き継ぎ、鉄川組を組織する。以後、多くの教会堂の建設に関わる。大戦前に28棟の教会堂を設計・施工し、そのうち17棟が現存している(改築・移築を含む)。

初めての教会堂建設

1907(明治40)年、28歳の与助は、自ら設計・施工した初めての教会堂、中通島の冷水教会を完成させる。木造でリブ・ヴォールト天井を用いる。
1908(明治41)年には建築学会に入会し、さまざまな知識を得る。

煉瓦造の教会堂建設

1908(明治41)年、29歳の時、野崎島に2作目の野首教会を完成させる。自ら設計・施工した初めての煉瓦造の教会堂。以後、木造と並行して煉瓦造の教会堂を手掛ける。

ド・ロ神父との出会い

1911(明治44)年、旧長崎大司教館の新築工事の設計をすることになったド・ロ神父のもとで、実施設計と施工を担当。ド・ロ神父から建築技術や設計思想を学ぶ。1914(大正3)年にド・ロ神父が亡くなった後も工事は与助が継続し、翌年に竣工。
1913(大正2)年、与助が34歳の時には鉄川組を長崎市に移転し、近県にも仕事の範囲を拡大していった。

多くの教会堂を手掛ける

1913(大正2)年、福岡県大刀洗町に煉瓦造の今村教会を完成させる。鉄川の煉瓦造教会堂では最大の平面規模。1919(大正8)年竣工の頭ヶ島教会は、与助にとって唯一の石造の教会堂。

鉄筋コンクリート技術の会得

1923(大正12)年、与助44歳の時、初めての鉄筋コンクリート造の作品、長崎神学校を完成させる。以後、煉瓦積みの建築物はつくらず、鉄筋コンクリート造の教会堂建設に取りかかる。

晩年

昭和に入ると、学校や宿舎などの建築に多く関わる。佐世保天主堂附属幼稚園(現在の聖心幼稚園)が現存する。
戦時中は企業整備令によって、鉄川組は合併される。1949(昭和24)年、鉄川工務店として分離独立し、息子の与八郎が家督を継ぐ。この時、与助70歳。
1976(昭和51)年、97年の生涯を閉じる。

鉄川与助 教会堂リスト

今村教会

|冷水《ひやみず》教会|1907年(明治40·28歳)/木造/長崎県

|野首《のくび》教会†|1908年(明治41·29歳)/煉瓦造/長崎県

|青砂ヶ浦《あおさがうら》教会†|1910年(明治43·31歳)/煉瓦造/長崎県

|楠原《くすはら》教会|1910年(明治43·31歳)/煉瓦造/長崎県

|旧佐賀《さが》教会|1911年(明治44·32歳)/木造/佐賀県/現存せず

|山田《やまだ》教会†|1912年(大正元·33歳)/煉瓦造/長崎県

|今村《いまむら》教会†|1913年(大正2·34歳)/煉瓦造/福岡県

|旧宮崎《みやざき》教会|1914年(大正3·35歳)/木造/宮崎県/現存せず

|大曾《おおそ》教会†|1916年(大正5·37歳)/煉瓦造/長崎県

|旧大水《おおみず》教会|1917年(大正6·38歳)/木造/長崎県/現存せず

|堂崎《どうざき》教会†|1917年(大正6·38歳)/大規模な改修·増築、煉瓦造/長崎県

|田平《たびら》教会†|1918年(大正7·39歳)/煉瓦造/長崎県

|江上《えがみ》教会†|1918年(大正7·39歳)/木造/長崎県

|頭ヶ島《かしらがしま》教会†|1919年(大正8·40歳)/石造/長崎県

|細石流《ざざれ》教会|1920年(大正9·41歳)/木造/長崎県/現存せず

|旧平蔵《ひらぞう》教会|1921年(大正10·42歳)/木造/長崎県/現存せず

|手取《てとり》教会|1928年(昭和3·49歳)/鉄筋コンクリート造/熊本県

|旧大牟田《おおむた》教会|1929年(昭和4·50歳)/木造/福岡県/現存せず

|紐差《ひもさし》教会†|1929年(昭和4·50歳)/鉄筋コンクリート造/長崎県

|呼子《よぶこ》教会|1929年(昭和4·50歳)/移築、木造/佐賀県

|旧八幡《やはた》教会|1930年(昭和5·51歳)/木造/福岡県/現存せず

|旧戸畑《とばた》教会|1930年(昭和5·51歳)/木造/福岡県/現存せず

|大江《おおえ》教会†|1933年(昭和8·54歳)/鉄筋コンクリート造/熊本県

|旧新田原《しんでんばる》教会|1933年(昭和8·54歳)/木造/福岡県/現存せず

|旧水俣《みなまた》教会|1933年(昭和8·54歳)/木造/熊本県/現存せず

|崎津《さきつ》教会†|1934年(昭和9·55歳)/木造·一部鉄筋コンクリート造/熊本県

|旧小倉《こくら》教会|1935年(昭和10·56歳)/木造·一部鉄骨造/福岡県/現存せず

|水ノ浦《みずのうら》教会†|1938年(昭和13·59歳)/木造/長崎県

†:本書中に紹介されている教会。

教会を訪れる前に

中村満［長崎巡礼センター理事長］

近年、長崎の教会堂を訪れる方々が徐々に増えています。長崎の地の持つ魅力に気付かれはじめたのかもしれないと関係者としては喜ばしく思っています。同時に、長崎の宝を多くの方々に知ってもらい、その魅力を体験してほしいし、多くを学び日常に生かしてほしいと考えています。ただ、現状をみると、憂うべき点もあります。訪問者の中には礼を失する人もおり、マナーの悪さが指摘されることも多くあります。
マナー違反の原因が、教会堂についての理解不足から起こっていることも多々あるようですので、以下に教会堂の本来の意味と原則的なマナーについて述べたいと思います。

1. 教会堂について

○教会堂とは何か

教会堂とは、「神の礼拝にあてられた聖なる建物」。聖なる祭儀の場、祈りの場です。神の礼拝という本来の目的に沿って、ミサや結婚式、葬儀のため、また個人やグループによる祈りの集いなどで使用しています。

○教会堂は私有地にある私有財産

長崎県にある教会堂のほとんどは、禁教時代は、表面は仏教徒を装い、心の中で信仰を守り続けた、400年の信仰の歴史を持つキリシタンの子孫の拠出金と労働奉仕などで建てられています。いわば自分たちのための「祈りの家」として建て、大切に使用し、維持管理し、そのために月々の費用も支払っています。そうして代々受け継ぎ、今日に至っています。このように、教会堂は公共施設ではありませんし、もちろん観光施設でもありません。私有地にある私有財産です。ですから、敷地内に自由に出入りできるとか、入堂も自由にできるなどと考えないでほしいと思います。

○教会堂の維持管理

上記のように、教会堂の維持管理（水道光熱費・清掃など）は信徒たちが各自、毎月経費を負担して行っています。また、信徒会館、トイレなどについても同様です。

○献金

教会堂を訪れた際は、信徒たちの努力と熱意によって維持されている教会堂への心づけとして、堂内にある献金箱に多少の献金をしていただければ幸いと思っています。少子高齢化によって信徒の負担は年々増えていますので、ご協力をよろしくお願いいたします。

---

2. マナーについて

教会堂を訪れるときには、以下に記すようなマナーを守ってほしいと望んでいます。

✣教会堂や他の建物、その敷地は、私有財産であることを心に留めてください（教会堂では、一部しか公開されていないところ、施錠されているところもあります。管理上の理由があって、そのようにしていることをご理解ください）。

✣ミサ、結婚式、葬儀、祈りの集いなどが行われているときは、許可なく入堂することは控えてください。

✣堂内に入るにあたっては、脱帽し、また土足厳禁のところもありますので、その可否を確認してください。

✣堂内では、私語をつつしみ、静かにお座りください。祈りの空間ですから、心静かに目を閉じ、あなたのため、家族のため、友人のために祈りましょう。

✣内陣（祭壇域）と2階の楽廊には入らないでください。

✣堂内にある物はほとんどが私物ですので、触れないようにしてください。

✣堂内での飲食、喫煙、飲酒はもちろん厳禁です。

✣堂内の写真撮影は、原則的に禁止です（心のフィルムに残してください）。

日本・長崎におけるキリスト教年表

1543(天文12)年	種子島に漂着したポルトガル人、鉄砲を伝える。
1548(天文17)年	アンジロ(ヤジロウ)と二人の日本人、インドのゴアで受洗。
1549(天文18)年	フランシスコ・ザビエル神父が、コスメ・デ・トルレス神父、ジョアン・フェルナンデス修道士、日本人アンジロ(ヤジロウ)らを伴いゴアを出発、日本に向かう。一行は鹿児島に上陸。島津貴久に許しを得て、宣教を行う。
1550(天文19)年	ポルトガル船、初めて平戸に入港。ザビエル神父、平戸に赴き、現在の長崎県での布教を始める。
1551(天文20)年	ザビエル神父、山口で琵琶法師ロレンソに洗礼を授ける。豊後からインドに向かう。
1552(天文21)年	貿易商ルイス・デ・アルメイダ来日。後にイエズス会に入会し修道士となる。
1562(永禄5)年	大村純忠、ポルトガルとの貿易のために横瀬浦を開港。
1563(永禄6)年	大村純忠、横瀬浦で洗礼を受け、最初のキリシタン大名となる。
1569(永禄12)年	ルイス・フロイス神父、二条城で信長に謁見。信長、京都布教を許す。
1579(天正7)年	イエズス会のアレッサンドロ・ヴァリニャーノ神父、巡察師として来日、口之津に上陸。
1580(天正8)年	大村純忠、長崎と茂木をイエズス会に寄進。
1582(天正10)年	ヴァリニャーノ神父、天正遣欧少年使節を伴って長崎港を出航。
1584(天正12)年	有馬晴信、浦上をイエズス会に寄進。
1585(天正13)年	豊臣秀吉、関白となる。天正遣欧少年使節、ローマに入り教皇に謁見。
1587(天正15)年	九州平定の直後、秀吉、伴天連追放令を発布。長崎を天領とし、翌年、長崎代官をおく。
1590(天正18)年	天正遣欧少年使節がヴァリニャーノ神父とともに長崎に帰着。金属活字、印刷機を持ち帰る。
1597(慶長元)年	二十六聖人、長崎西坂で殉教。
1601(慶長6)年	日本人初の司祭誕生。中浦ジュリアン、伊東マンショ、マカオに留学。
1612(慶長17)年	江戸幕府、天領にキリシタン禁教令を発布。
1613(慶長18)年	伊達政宗、家臣支倉常長をローマに派遣。
1614(慶長19)年	江戸幕府、全国にキリシタン禁教令を発布。宣教師や、高山右近ら主だった信徒をマニラ、マカオに追放。長崎で教会を破壊。
1615(元和元)年	支倉常長、ローマ教皇に謁見。
1620(元和6)年	支倉常長、禁教下の日本へ帰国。ペトロ岐部、ローマに到着。
1622(元和8)年	カルロス・スピノラ神父ら56人が西坂で処刑される(元和の大殉教)。 ザビエル、列聖。
1626(寛永3)年	水野河内守、長崎奉行に就任。キリシタン禁圧を強化。
1628(寛永5)年	この頃、長崎で絵踏が始まる。
1629(寛永6)年	長崎奉行竹中采女正、キリシタンの取り締まりを徹底する。
1630(寛永7)年	ペトロ岐部、密かに帰国。
1633(寛永10)年	イエズス会日本副管区長クリストヴァン・フェレイラ神父が西坂での拷問によって棄教。日本に帰化してキリシタンの取り締まりに当たる(沢野忠庵に改名)。中浦ジュリアン神父、長崎西坂で殉教。第一次鎖国令。

1634（寛永11）年	将軍家光、ポルトガル人収容所として長崎出島築造を命じる。第二次鎖国令。この年の教会暦が、バスチャン暦として、浦上、外海、五島のキリシタンに伝えられる。
1635（寛永12）年	第三次鎖国令を出し、日本人の出入国全面禁止。この頃、寺請制度が始まる。
1636（寛永13）年	第四次鎖国令。長崎の出島完成。ポルトガル人を強制収容、後にマカオに追放。
1637（寛永14）年	島原・天草の乱勃発。
1639（寛永16）年	第五次鎖国令。ペトロ岐部、江戸の伝馬町牢屋敷で殉教。
1644（寛永21）年	この頃、国内最後の神父小西マンショ殉教。
1657（明暦3）年	大村領内のキリシタンを逮捕、400人以上を斬首（大村郡崩れ）。
1708（宝永5）年	ジョヴァンニ・シドッチ神父、屋久島に潜入上陸。江戸に送られ、新井白石の審問を受ける。
1790（寛政2）年	長崎浦上のキリシタンが異宗の疑いで奉行所の取り調べを受ける（浦上一番崩れ）。
1797（寛政9）年	五島藩の要請で、大村藩から移住者（多くが潜伏キリシタンとされる）の第一陣が五島へ行く。
1805（文化2）年	天草下島の大江、崎津、今富、高浜で約5000人のキリシタン発覚（天草崩れ）。
1839（天保10）年	長崎浦上のキリシタンが密告により捕縛される（浦上二番崩れ）。
1853（嘉永6）年	ペリー、軍艦4隻を率いて浦賀に来航。
1856（安政3）年	長崎浦上キリシタンが捕縛される。浦上7代目の帳方の吉蔵ら、指導的人物が相次いで投獄され拷問を受ける（浦上三番崩れ）。
1858（安政5）年	長崎奉行、絵踏を廃止。安政五ヵ国条約締結。
1862（文久2）年	ローマで26殉教者が列聖される。
1863（文久3）年	パリ外国宣教会のフューレ神父、プティジャン神父、長崎に入る。
1865（元治2）年	前年に完成した大浦天主堂で、プティジャン神父と浦上の潜伏キリシタンが出会う（信徒発見）。
1867（慶応3）年	長崎浦上村の村民が潜伏キリシタンであることが発覚。奉行所に指導者たちが次々に捕らえられる。村民のうち約100人が翌年津和野、萩、福山の3藩に、2年後の1870年、約3000人が西日本約20ヵ所に流配される（浦上四番崩れ）。
1868（慶応4）年	明治政府、江戸幕府のキリシタン禁制政策を継続。ド・ロ神父長崎に上陸。 五島のキリシタン弾圧が始まる。
1871（明治4）年	岩倉具視使節団、欧米を訪問。
1873（明治6）年	キリシタン禁制の高札撤去。浦上キリシタンが釈放され、浦上に帰還。
1879（明治12）年	ド・ロ神父、外海に赴任。
1889（明治22）年	大日本帝国憲法発布。信教の自由が明文化される。
1927（昭和2）年	日本人初の司教誕生（早坂久之助）。
1933（昭和8）年	大浦天主堂、国宝に指定される。
1945（昭和20）年	長崎浦上に原爆が投下される。浦上教会崩壊。
1959（昭和34）年	浦上教会再建。
1981（昭和56）年	教皇ヨハネ・パウロ2世、長崎を訪れる。
2008（平成20）年	長崎でペトロ岐部と187殉教者の列福式が行われる。

長崎MAP

生月島

● 山田《やまだ》教会[P.4

平戸市

宝亀《ほうき》教会[P.49] ●

紐差《ひもさし》教会[P.53] ●

宇久島

平戸島

小値賀町

野崎島

小値賀島

● 野首《のくび》教会[P.40]

黒島《くろしま》教会[P.5

黒

● 江袋《えぶくろ》教会[P.11]

青砂《あおさ》ヶ《が》浦《うら》教会[P.18] ●

● 頭《かしら》ヶ《が》島《しま》教会[P.6]

新上五島町

五島列島

大曾《おおそ》教会[P.37] ●

● 旧鯛《たい》ノ《の》浦《うら》教会[P.14]

中《なか》ノ《の》浦《うら》教会[P.26] ●

● 若松大浦《わかまつおおうら》教会[P.16]

若松島

● 江上《えがみ》教会[P.33]

奈留島

● 旧五輪《ごりん》教会[P.22]

久賀島

● 堂崎《どうざき》教会[P.30]

水《みず》ノ《の》浦《うら》教会[P.28] ●

五島灘

五島市

福江島

今村《いまむら》教会[P.84]
教会[P.46]
松浦市
佐賀県
福岡県
佐世保市
長崎県
有明海
大村湾
大村市
大野《おおの》教会[P.76]
津《つ》教会[P.72]
黒崎《くろさき》教会[P.78]
島原市
島原湾
浦上《うらかみ》教会[P.66]
神ノ島《かみのしま》教会[P.70]
大浦《おおうら》天主堂[P.68]
橘湾
長崎市
天草灘
苓北町
天草市
天草上島
天草下島
大江《おおえ》教会[P.63]
崎津《さきつ》教会[P.60]
熊本県
八代海

INDEX

カトリック教会においては、教会とは本来、キリスト者の共同体を意味し、祈りの場となる建物のことは教会堂というが、本書では、日常的に親しまれている「◯◯教会」という表記を用いた（大浦天主堂を除く）。

頭ヶ島《かしらがしま》教会（国指定重要文化財）［P.6］……… 〒857-4102 南松浦郡新上五島町友住郷頭ヶ島638

江袋《えぶくろ》教会（県指定有形文化財）［P.11］……… 〒857-4602 南松浦郡新上五島町曽根郷字浜口195-2

旧鯛ノ浦《たいのうら》教会［P.14］……… 〒853-3321 南松浦郡新上五島町鯛ノ浦郷326

若松大浦《わかまつおおうら》教会［P.16］……… 〒853-2303 南松浦郡新上五島町宿ノ浦郷大浦

青砂ヶ浦《あおさがうら》教会（国指定重要文化財）［P.18］……… 〒857-4402 南松浦郡新上五島町奈摩郷1241

旧五輪《ごりん》教会（国指定重要文化財）［P.22］……… 〒853-2172 五島市蕨町993-11

中ノ浦《なかのうら》教会［P.26］……… 〒853-2303 南松浦郡新上五島町宿ノ浦郷中ノ浦

水ノ浦《みずのうら》教会［P.28］……… 〒853-0701 五島市岐宿町岐宿1644

堂崎《どうざき》教会（県指定有形文化財）［P.30］……… 〒853-0053 五島市奥浦町堂崎2019

江上《えがみ》教会（国指定重要文化財）［P.33］……… 〒853-2202 五島市奈留町大串1131

大曾《おおそ》教会（県指定有形文化財）［P.37］……… 〒857-4404 南松浦郡新上五島町青方郷2151-2

野首《のくび》教会（県指定有形文化財）［P.40］……… 〒857-4709 北松浦郡小値賀町野崎郷野首

山田《やまだ》教会［P.44］……… 〒859-5704 平戸市生月町山田免440-2

田平《たびら》教会（国指定重要文化財）［P.46］……… 〒859-4824 平戸市田平町小手田免19

宝亀《ほうき》教会（県指定有形文化財）［P.49］……… 〒859-5366 平戸市宝亀町1170

紐差《ひもさし》教会（県指定有形文化財）［P.53］……… 〒859-5361 平戸市紐差町1039

黒島《くろしま》教会（国指定重要文化財）［P.56］……… 〒857-3271 佐世保市黒島町3333

崎津《さきつ》教会［P.60］……… 〒863-1204 熊本県天草市河浦町崎津539

大江《おおえ》教会［P.63］……… 〒863-2801 熊本県天草市天草町大江1782

浦上《うらかみ》教会［P.66］……… 〒852-8112 長崎市本尾町1-79

大浦《おおうら》天主堂（国宝）［P.68］……… 〒850-0931 長崎市南山手町5-3

神ノ島《かみのしま》教会［P.70］……… 〒850-0078 長崎市神ノ島町2-148

出津《しつ》教会（国指定重要文化財）［P.72］……… 〒851-2322 長崎市西出津町2633

大野《おおの》教会（国指定重要文化財）［P.76］……… 〒851-2427 長崎市下大野町2619

黒崎《くろさき》教会［P.78］……… 〒851-2324 長崎市上黒崎町26

ド・ロ神父記念館（国指定重要文化財）［P.83］… 〒851-2322 長崎市西出津町2633

今村《いまむら》教会（県指定有形文化財）［P.84］……… 〒830-1223 福岡県三井郡大刀洗町今707

＊データは2012年8月のものです。

参考文献:

『かくれキリシタン 歴史と民俗』片岡弥吉 日本放送出版協会 1967年
『長崎の殉教者』片岡弥吉 角川書店 1970年
『長崎の天主堂』パチェコ・ディエゴ 西日本文化協会 1976年
『ある明治の福祉像 ド・ロ神父の生涯』片岡弥吉 日本放送出版協会 1977年
『長崎の天主堂 その信仰と美』村松貞次郎・片岡弥吉監修、木村信郎写真 技報堂出版 1979年
『日本キリシタン殉教史』片岡弥吉 時事通信社 1979年
『長崎の天主堂と九州・山口の西洋館』太田静六 理工図書 1982年
『近代日本の異色建築家』近江栄・藤森照信編 朝日新聞社 1984年
『長崎のキリシタン』片岡弥吉 聖母の騎士社 1989年
『日本キリスト教史』五野井隆史 吉川弘文館 1990年
『三沢博昭写真集 大いなる遺産 長崎の教会』三沢博昭、川上秀人解説 智書房 2000年
『長崎の教会堂 聖なる文化遺産への誘い』林一馬 長崎県労働金庫 2002年
『別冊太陽 日本のこころ 日本の教会をたずねて』八木谷涼子編 平凡社 2002年
『天主堂 光の建築』雑賀雄二 淡交社 2004年
『旅する長崎学』1~5 長崎県 長崎文献社 2006年
『ザビエルと歩くながさき巡礼 巡礼地案内マニュアル』カトリック長崎大司教区監修 長崎文献社 2008年
『鉄川与助の教会建築 五島列島を訪ねて』LIXIL出版 2012年

あとがき

私が初めて出会った長崎の教会堂は、五島列島の北にある野崎島という無人島にある野首教会でした。過疎化が進み、1970年代には、カトリック信徒が皆、島を離れ、多くの家屋はすでに崩れ落ちてしまっていました。野首教会は信徒を失ったため、教会堂としての役割は終えていました。
その後、長崎には今なお130以上ものカトリック教会があることを知り、以来、それらを巡るようになりました。どこを訪ねても、教会堂の周りは塵一つなく清められて、堂内に入れば、御像の前に飾られた花が甘い香りを放っていました。誰もいない堂内でも、祈りの場を大切に守る信徒の存在を強く感じることができました。
一度、ミサに立ち会わせてもらったことがあります。いつもは静かな教会堂が、その時は信者と一体となって、生き生きと動き出したようでした。本書に掲載した教会堂は、一部を除いて現在もミサが行われる現役の教会堂、すなわち信徒たちの「祈りの家」です。
長崎の教会堂の多くは、キリシタン禁制時代を生き抜いた潜伏キリシタンの信仰を受け継ぐ集落にあるため、海の近くや小高い丘の上など、人目につきにくいがゆえに美しい場所に建っています。そうした教会堂の魅力が近年広く知られるようになり、訪れる人も増えているそうです。その一方で、知識不足からかマナーに反するようなことをする人も少なくないと聞きます。
教会堂を訪ねた際には、堂内の献金箱に多少の献金をするようにしてきました。長崎の教会堂の多くは、信徒たちの拠出金や労働奉仕などで建てられています。現在は過疎化が進んだ地域もあり、教会堂を維持管理するための信徒の負担は年々増えているそうです。
無人島の野崎島に建つ旧野首教会は美しいけれども、やはりどこか寂しげです。教会堂はまずなによりも信者とともにあるものなのです。

白井綾｜写真家。1973年千葉県生まれ。東京芸術大学美術学部芸術学科卒業。
写真集「open field」(WK&CO 2005年)、「COLORS」(長崎県2007年)

長崎の教会

2012年9月25日　初版第1刷発行
2018年7月8日　初版第2刷発行

写真・文：
白井綾

編集協力：
若林恵

AD・デザイン：
近藤一弥

発行者：
下中美都
発行所：
株式会社平凡社
〒101-0051 東京都千代田区神田神保町3-29
電話 03-3230-6584［編集］ 03-3230-6573［営業］
振替 00180-0-29639
http://www.heibonsha.co.jp/

印刷：
株式会社オノウエ印刷
製本：
大口製本印刷株式会社

©Aya Shirai 2012
Printed in Japan
ISBN 978-4-582-54443-5

NDC分類番号523　A5判(21.0cm)　総ページ96
乱丁・落丁本のお取り替えは直接小社読者サービス係までお送り下さい。
(送料は小社で負担します)。

協力：
カトリック長崎大司教区
崎津教会
大江教会
今村教会
長崎県
五島市
小値賀町
長崎巡礼センター

撮影協力：
「COLORS」長崎県世界遺産登録推進室